누가 나를 심었나

누가 나를 심었나

시인수첩 시인선 100

김순옥 시집

여우난골

| 시인의 말 |

무언가 혹은

누군가 이곳을 지나가는 중이다

2025년 9월

김순옥

| 차례 |

시인의 말 · 5

1부

산수국 · 13

호우주의보 · 14

명랑의 세계 · 16

죽음의 체적 · 18

카스텔라 · 20

화양연화 · 22

정오 · 24

뼈를 더듬다 · 25

오늘은 낮달 · 26

수몽 · 28

여우창문 · 30

누가 화분에 나를 심었나 · 32

반지 분실 · 34

외박·36

오래된 관계·38

잠에 눈이 쌓였다·39

2부

덧칠·43

눈사람이 서 있다·44

사루비아·46

무료한 사람들·48

밤의 트라우마·50

질감·52

파도가 다는 아닌 가파도·54

일기예보·56

윤달 · 58

개구리는 물방울 몇 개 모자로 쓰고 · 60

어딘가를 조금 잘라냈습니다 · 62

아다지에토 · 64

꽃은 내 귓바퀴를 돌아와 · 66

여긴 정거장이 아닙니다 · 68

죽는 꿈을 꾸면 오래 산다 해서 좋았다 · 70

당신을 해치고 싶은 배역을 꿈꾸지 · 71

3부

죽음에선 흰꽃나도샤프란 향기가 난다 · 75

리어왕 증후군 · 76

환승한 버스에서 허브 냄새가 났다 · 78

탱고 한 곡 출까요? · 80

긴 겨울밤의 화투점처럼 · 82

안녕, 마리아 · 84

길고양이 출몰 구역 · 87

어제가 있었다 · 88

꽃게 · 90

길은 어디로도 가고 아무 데도 못 간다 · 92

아무의 여름날 · 94

몸에 두 개의 달이 뜬다 · 96

내일도 · 98

역할 대행 · 100

콜드건 · 102

스콘을 굽다 · 104

다른 행방 · 105

해설 | 황정산(시인·문학평론가)
자아의 해체와 새로운 정체성의 탐색 · 107

1부

산수국

 풀잎이고 돌멩이고 구름이고 절룩이는 한 사람입니다 머리인지 황량한 산인지 들판인지를 질끈 동인 여자입니다 온통 나로 시작하는 도시를 떠나 당신께 당도합니다 걷는 동안은 세상이 좀 더 크게 보일까 봐 걸음을 모아 시위에 화살을 걸고 과녁이 됩니다 단 한 방에 쓰러뜨릴 수 있다면, 당신에게 나는 푸른 신호등이었습니까? 그 사람, 그 나무, 그 구름이었나요 지붕 위에 던진 썩은 어금니, 발가락에 끼운 보석반지, 까막눈으로 바늘에 눈을 꿰는 할머니, 모두가 한 여자의 이야기군요 자그락자그락 파도와 자갈이 서로를 알아볼까 겁이 납니다 (백만 번 죽었다가 백만 첫 번째 태어나 겹겹 쌓인 바다를 건져 올릴 거예요) 업어드릴까요? 휘어진 바람을 읽는 여자가 먼 등 뒤에서 바로 눈앞에서 입과 귀로 끄덕입니다

호우주의보

이대로 폭설이면 좋겠습니다
매일매일 눈사람이길 바랍니다
나뭇가지를 덮고, 길을 덮고
어떤 순간은 마을을 덮고

모호해지기 위해서는
고양이 발자국을 따라 내리는 눈이 딱입니다
당신은 하나인데 여럿인
나를 눈 속에 단단히 묻습니다
당신의 절반을 떼어 내 옆에 묻습니다

당신 귀가 접히고 있습니다
귀 뒤쪽에 고양이 타투한 여자가 지나갑니다
우연을 가장한 길목에서 고양이가 당신을 보고 있습니다

방바닥을 쓸어 봅니다
한 무더기 머리카락이 쓸려 갑니다
앞에도 뒤에도 겨울만 흘러내립니다

햇빛에 부딪혀 깨져 버린 높이에서
당신은 눈 속에 맨발을 담급니다

명랑의 세계

벽을 원한다
하나부터 열까지
노란

상상은 팝콘 비가 내리는 것처럼 단순한 것,
자웅동체 아메바의 감정

떠 있는 공이 내려오기 전에 네 손의 오렌지를
내 머리와 맞바꿀 것

코끼리 쇼에 나가 왼발 오른발 박자를 맞추는 사람

노크라는 규칙
두 번 두드리면 사람이 잠기고
내가 알던 사람들은 모두 비밀번호를 바꾼 지 오래
하나의 세계를 끊임없이 닦아

두 번째 악수

탁자 하나와 꽃무늬 커튼이 창을 붙들고 있는, 그러나
오래된 것은 오렌지가 아니다

떠오른다 의자와 벽이, 관 속 당신이
당신과 나의 공중에서, 그리고 공중에서 공중으로

죽음의 체적

죽은 사람이
아직은 죽은 줄 모르는 그가 새소리로 운다
햇빛 속으로 미끄러진다 이곳에선

부딪힌다 넘어진다 그가

뚜껑 닫은 변기에 앉아 물을 내린다
먹고 누는 일, 그 이상도 이하도 아닌 담배 연기처럼 가볍다
두 발이 떠 있다

앵두나무를 본 적이 있었나 어린데
저렇게 붉어도
이래도 되나, 커피 맛 캔디를 까서
입에 넣는다 무작정
온전히 빠져나온 두 무릎을 세운다

무릎 사이 얼굴을 밀어 넣고

느낄 수 없는 어제의 그를 생각한다
내 고개를 꺾던 생각의 무게
21.26그램, 이 무게로 앵두 나뭇가지로 내닫게 했을 것이다

오른쪽이 기울어질 것 같아 왼쪽 눈을 뜬다

지지배배 나뭇가지에 걸린 그가 다닥다닥 이어져
더 빨갛게 익어갈 이 계절을 아직
죽은 줄도 모르는 그를 앵두 익을 부피라 불러본다

카스텔라

버스를 타고 자다 깨다를 반복한다
도돌이표를 그린다
달콤하다는 말을 선택할 때마다
긴 터널 속으로 빨려들 것처럼
어린아이의 얼굴, 아이의 목소리가 되살아나고

비가 내린다
가신다고요? 언제든지 안녕

빗방울이 떨어질 때 마른 솔가지 타는 냄새가 난다
모든 말이 흥겨워서 괜찮다면 괜찮은
빵 한 조각이 여는 아침,
처음 베어 문 한 입이 어제 일과 같아
쓴맛은 삼킴의 가늠을 모르고
단맛은 한눈파는 방법을 모른다

생각이 멀어진다.
그런 절벽 같은 안이(安易)

창밖은 흐리고 신호등은 바뀌고 누군가는 웃고
빗방울이 첫눈으로 바뀌어도 좋을
눈사람처럼 스스로를 가두어도 좋을
인연, 그 바깥으로 버스가 달린다
도돌이표가 있다

화양연화

아무도 모를 거야
내가 토끼와 회중시계로 마술을 꺼내놓던
밤이란 걸

호박마차에 올라타 덜컹덜컹 코를 골며 가는
당신의 저녁은 불룩한 무릎처럼 헐렁하고

지금은 번개가
번쩍,
북극성 너머로 사라진 다음 날의
이야기 바깥

화장이 두꺼운 사모님 장바구니에서
새들의 뼈가 휘어지고
축하해 줘,
이 나라의 꿈 밖에서 너무 멀쩡하게 살아 있어

하나씩 몰락하는 도시에서

절룩거리며 끓어오르는 꽃이야
당신은

아무도 모를 거야
내가 밥 먹으러 가는 곳이

쥐구멍 속이란 걸

정오

배꼽이 오른쪽 옆구리로 피어올라요
그냥 달콤하다고 말해 주세요
그래요 사탕을 깨물었죠
복숭아 향 봉긋이 솟아오르고
노랑 눈의 토끼가 빨강 눈의 거북이와
오늘은 경주를 하지 않아요

그래요 사탕을 깨물었어요
은밀하게 화려하게
입안으로 불러들이는 당신
그림자를 막대처럼 들고 정오를 넘어가요

배꼽이 왼쪽 옆구리에서 혀를 밀어내요
달콤해요 그래요 그냥
쩍, 갈라진 토끼 간을 토해 낼게요
빨강 눈의 거북이가 달려나가요

허공이 새의 배를 가르고 와르르 쏟아져요

뼈를 더듬다

 몸통만 남은 여인이 출구를 찾고 있습니다 굴러다니다 흰 벽을 툭 쳐요 미술관 문이 열리면 나는 어디로 가야 할까요 밥숟가락을 들고 따라오는 치매 노인이 피리를 불어요 내가 버린 머리의 눈알을 먹고 있어요 분명 아는 이름인데 부르면 무덤이 열릴 거 같습니다 먼 산 오른쪽으로 들어가 왼쪽에 누워 계신가요? 없는 꼬리를 자르고 다리를 잘라 그림 속에 구겨 넣어요 오래된 이야기처럼 점점이 박힌 봉분 앞으로 다가섰어요 무덤이 파릇파릇 자라납니다

 국밥 한 그릇 함께 해요, 우리가

 구멍이 뚫렸어요 오래된 문이 열릴 때처럼 삐삐
 또 하나의 소리가 늘어나겠지만
 국밥 한 그릇 함께 먹을 사람이 박수를 치는 동안 가만가만히 무릎에 치매 노인을 앉혀요

 당신이 녹슬지 않게
 이곳에 무릎만 남아도 좋겠어요

오늘은 낮달

아직도, 돌아오는 길입니다 그를 두고

빠르게 넘어간 페이지들이 집에 와 있더군요
접어 두었던 42페이지는 창문이 되어 있네요

얼굴을 밀어 넣었더니
챙그랑, 떨어지는 팔다리

창을 흔들던 바람이 식탁 위로 올라갑니다
낮달의 일이 그래요 스르르 손가락 사이를 빠져나가요
고양이 문을 긁습니다 발톱을 잃어버렸나요

후박나무가 토해 낸 새 떼들, 기룩기룩 한바탕 마당을 쓸고
 엎지른 눈물을 닦아야 하는데 끝내 몸을 찾지 못했습니다

문도 없습니다 책장에는 책이 없습니다

벽장시계 속으로 들어가 두 발을 가만히
나뭇잎처럼 떨어뜨려 봅니다

본 적 있는 바람인지, 한 번도 본 적 없는 사람인지
등 뒤에 벽처럼 붙어 따라다닙니다

수몽

위험합니다 선 넘지 말아 주세요

읽던 책을 덮고 문득 떠오른 단어를 메모합니다
잿불에 감귤 몇 개를 던져 넣었습니다
까만 감귤은 타버리고 으스스,
온기가 파헤쳐진 그 자리
말라 있는 뿌리처럼
등을 세우고 낙타가 우두커니 서 있습니다

옆 사람과 비가 너무 오지 않는 것 같아 큰일이라고 말을 나눕니다
멀쩡하게 서서
주황색 신호등이 깜빡입니다

중얼거리는 얼굴이 유리창을 관통합니다
왈칵 쏟아지는 낙타 울음소리
못 들은 척 옆 사람을 훔쳐봅니다

이제 곧 크리스마스잖아요
할렐루야를 외치고 구세군은 선량한 종을 딸랑거릴 거예요

낙타 눈망울이 달맞이꽃을 닮아갑니다
왼쪽 손바닥에 뱉은 침이 한 떼의 구름과 엇갈리기 시작합니다
덮었던 책을 다시 펼칩니다

비 오는 사막입니다
우산을 챙겨오지 않아서 다행이라며
책갈피의 방향을 왼쪽으로 돌립니다

사막이 우산을 닮았습니다

여우창문

얼굴이 하얘, 라고 말하는 소년을 만났다

도화를 따서 이건 밥이야,
찧어서 녹색 물이 흐르는 이건 반찬이야
해를 가린 손가락의 말간 비밀을 너는 나직이 말했다
맑은 물소리 포개지고 종소리가 들렸다
노을이 납작한 돌멩이를 들어 꽃밥으로 물들였다

엄마 아빠가 될까
모든 게 사라질지도 몰라
얼굴 절반이 먼지처럼 떠올라 구름으로 지나갔다

천천히 잊힐 일이 자꾸 우거지는 마당
한바탕 소란이 뜨거운 여름을 부려 놓던 날
지나간 밤이 찾아와 다시 새벽 세 시
꺼내 놓은 발자국에 빗물이 고인다

마지막이라며 받쳐 주던 우산이 오늘은 울고 있다

복숭아 꽃잎이 묻어 들었다

후르르 피어 사흘, 우르르 날려 또 사흘을 말라간다

곳곳마다 얼굴들, 묻지 않을 것에 대해 생각한다
마름모꼴 창을 빗방울이 핥을 때면
소년의 유리창에 흰 치아들이 흘러내린다

이 웃음은 만질 수 없다

누가 화분에 나를 심었나

그래, 또 나야
하루 종일 나를 열고 들어오는 사람이 없어서

모란이 피었던 곳에 옆구리가 생기고
굵은 눈이 내리기 시작했다

화장대 위에 흩어진 분홍색 파우더처럼
어떤 순서도 없이

둥근 저녁은 둥근 어둠을 반죽으로 치대고

귀만 돌아다니는 고요 속,

가끔은 식물인지를 모르게
눕기도 했다

떠오른다 떠오른다는 생각으로
식물이 만지는 오른손이 시들까 봐

슬쩍 화분을 밀치는 손
옆구리에 쌓인 눈발이 유일한 다정인 양 쓰윽,
당겨 본다

삿포로에 갈까요?
쏟아지는 눈발을 보며 술을 마실까요?
발자국을 따라 흰색이 가득할 테니 서로 의심이 없겠죠

숨을 뱉을 때마다
여섯 번째 손가락에 생긴 물집 속으로
쓸쓸하다는 눈덩이가 하나씩 채워졌다
녹는다

반지 분실

 -화장실에서 손을 씻다 반지를 떨어뜨렸어요 혹시, 습득하신 분은 연락 부탁드려요

창밖에 젖어들다
졸아드는 개미허리의 마음을 달래다가
잃어버린 게 손이었으면

메모엔 내가 바람 빠진 공처럼 찌그러져 있다
조급함은 하루 내내
눅눅한 벽돌을 딛는다
담벼락에 기대었지만 가시덤불일 뿐
들어갈 곳 없이 꿈이길 바라고
꿈에서 깰까 봐 잠들지 못한다

 -문의하신 [분실물 습득 여부]에 대해 답변드립니다
 전산 확인 결과 [반지] 분실물은 [울산○○DT] 점에서 보관 중인 것으로 보입니다
 이른 시일 내 방문하시어 고객님의 분실물을 찾아가시

기 바랍니다

삐거덕 소리 들리지 않게
문질러도 지워지지 않게
꾹 눌러 담아둬야겠다
이제 나를 재운다

외박

얼음 위를 걷고 또 걷는다
여전히 제자리다

여기서부터 나를 버린 듯해서
발바닥보다 낮은 곳으로 옮긴다

발소리 하나 서성이다 머리 위로 떨어진다
제사상 아래 향을 피워 모사기에 술을 따라 낸다
방문이 열리고 촛불 흔들린다

거기 계세요?

감꽃 목걸이가 잘 어울리네요
꽃잎이 아주 시원하구나
아버지, 꽃물 들겠네
퇴주잔을 다오

문지방 너머 서 있는 그가 보인다

눈사람이라고 말하려다
동쪽을 향해 퉤퉤퉤,
얼음이 녹지 않았다

멀리서 물로 가득 찬 이가 오고 있다

오래된 관계

 아궁이에 내린 눈을 치우고 꽁꽁 언 수도꼭지에 뜨거운 물 부어 아침을 데운다

 커피잔은 나를 데리고 가 창문을 열고 볕을 쐰다 유리창은 몇 겹의 사람을 오려 식탁 앞에 앉힌다 건너편에 앉은 사람과 밥을 먹는다 얼음이 얼었다는 말이 달력에서 굴러 떨어진다 철 모르고 핀 개나리는 몸을 흔들며 얼굴에 떨어진다 숟가락이 떨어진다 통째 떨어지는 개나리처럼 나는

 앞으로 걸어 엄마의 과거가 될 것이다

 엎어 놓은 밥공기가 어제의 뜨거운 김을 피워 올릴 때 편지지에 꽃병을 그려 나를 꽂는다 옛집이 구부정한 자세로 아침을 삼키고 있다 젓가락질을 할수록 내가 많아진다
 어느 날 낯선 역에 내린 엄마에 관해 들었다
 내가 꺼졌다

잠에 눈이 쌓였다

눈송이만 한 기차 건널목이 있다 우선멈춤 표지판 위에 녹다가 잠든 눈이 멈춰 있다 철길을 건너는 흰 개 한 마리가 한쪽 다리를 들며 표지판 밑을 지나간다 주춤주춤 뒤를 돌아보던 눈, 걸음을 멈춘다 푸르르르 떠는 머리 비가 눈으로 바뀌는 순간처럼 개는 개가 되는 순간을 보는 것 같다 꼬리도 털도 없이 눈은 내리고 쌓인 눈을 밟은 발자국이 다시 눈 속에 묻힌다

물의 비늘이
물속으로 떨어지는 순간들이 건널목을 지나고 있다

흰 개가
내 눈두덩을 핥고 있다

2부

덧칠

 의자 아래로 머리카락이 흘러든다 차례로 이름을 붙여 본다 아는 이름이 많지 않아 내 이름을 반복한다 침묵이 있고 열고 닫는 문이 있고 앵무새가 있고 양은 냄비를 거쳐 간 시커먼 그을음이 있다 덤성덤성 어둠이 기워진다 이따금 둥근 것을 쥐고 있는 얼굴이 사라진다 여기저기 내가 놓여 있다 앞만 보는 경주마처럼 간다 타이밍을 놓친 LP판 바늘이 제자리를 찾는 동안 들숨과 날숨 같은 구름에게 이름이 생긴다 빗방울이 LP판 위에서 튄다 음악은 푸르고 아가리를 달고 구른다 구르다 더 커진 침묵으로 의자 아래 뭉쳐진다 누가 나의 이름을 주워 쓰레기통에 버린다 얼굴 위에 얼굴을 포개 놓는다 얼굴 밑의 얼굴이 꿈틀거린다

눈사람이 서 있다

얼굴을 들이미는 고양이처럼 오후 4시

밤새 핀 데이지가 운다
공터가 젖는다

데이지는 여자를 위한 트릭, 가르랑
고양이 발톱은 길어졌다 짧아지고
창문이 보이는 베란다에 걸린 남자 속옷이 바람에

부푼다, 공터가 웃는다

고요와 얼룩 다음의 노을이 주인이지만
웅덩이 속 나무는 구름을 꽂고

화분(花粉)이 날린다 떠오른다 번진다

물의 마지막 원 안으로 계절이 들어가기를 기다리는,

아직 이름을 주지 못한
빨랫줄에 걸린 사각팬티 한 장이
헐렁한 오후 4시를 사타구니에 감추면

당겼다, 미는 듯 해가 진다

사루비아

방금 들어온 기차가 사루비아야
기차를 보고 까까머리 한 사내아이가
옆 좌석 아이에게 다가가 귓속말을 한다
코가 있어, 정말이야 내가
봤어

바람을 삼킨 커튼이 사루비아를 지나 펄럭인다
기차는 기다란 코 하나로 되었구나

아무도 가둔 적 없는데 갇혔다
잠시, 눈을 감고 열쇠를 찾기 시작한다

사루비아를 뽑아 꽃술 빨던 아이를 놓쳤다

저수지가 몸을 돌린다 몇 겹의 구름이
돌리는 안쪽으로 지나간다
하루 또 하루
모두 기다렸으므로 기다림에 지친 오후로 들어가는

한 무리의 사람들

저수지에서 아이를 꺼낸다
업고 있던 베개를 돌려 안는 엄마
그제서 물이 보이지 않는다

썩지도 않는 울음을 끌고
사루비아 기차가 간이역을 벗어난다
뒷짐 진 역무원 그림자가 텅 비었다

무료한 사람들

여름이 끓고 있다 다습한 밤이
길에 넘친다 종말론을 부르짖는 학생이
전단지를 뿌리며 냄비 뚜껑처럼 들썩거린다

—난 말이야 비 맞고 나온 달이 참 예뻐
머리카락에 떨어지는 빗방울이 어깨를 타고 내 몸을 흉내 낸다
머리를 입을 등을 생각하는 모두가 꼬리처럼 길다

무심히 지나치는 사람들 사이
아무 일도 없어서 죽을 것 같은데
죽겠구나, 이러다 죽겠다 싶은데
눈을 감고 피식, 웃는 간판들
물에 빠져 버둥대는 애벌레를 떠올리는 것은 인류애일까

출입문이 자꾸 열린다 바람도 없는데
문밖으로 뿔뿔이 뛰쳐나가는 이것을 휴거라 부른다면

심장을 깍지 낀 손바닥으로 눌러 감싼 채
아름답잖아, 이해해 봐
봄볕에 누워 '따스하다'를 나른해 할 수도
여름에 어울리는 폭죽을 키울 수도 있겠지

밥을 맛있게 먹어 쓸쓸하다
입꼬리는 왜 맨날 귀에 가서 붙는지
미련은 구멍 난 양말이거나 삐져나온 발톱이다

배에서 나는 물소리를 들으면 정말
종말 직전 같은데
작년 여름에 알던 그녀가 다녀가곤 했다

비에 씻겨 말간 책방으로
현실을 회피하는 방법을 구하러 간다

밤의 트라우마

사과 깎는 소리 들립니다
죽은 듯이 누워 있어도 사과는 여전히 살아 있습니다

살아 있습니까 말하는 그가 손을 내밉니다
정수리에 속한 질문입니다

눈 뜨지 말아요
아침을 가방에 넣어 드릴게요

사과는 빵과 달걀과 구름과 무난하게 어우러집니다
비가 옵니다

무언가의 테두리를 온전히 만질 수 있다면,
태어나는 것보다 두려운 건 밤의 선물입니다 고독입니다

지갑을 놓고 내린 손님을 찾아 내달리는 택시를 물끄러미 바라봅니다
잠시 미루어졌던 기사의 불안과 안도를 가로질러 날아

갑니다

멈춘 빗소리를 손바닥에 올려놓습니다
너무 무거워지기 전에 내가 너무 가벼워지기 전에
껍질 속 육신을 등분합니다 아픕니까?

덜 익은 부분을 익히기 위해 한 걸음 정도만 사과의 세계로 들어갑니다
백골 같은 세계를 귀 가까이 대면 다시 우산 펼쳐지는 소리, 팽팽합니다

질감

방을 빼라는 집
주인의 목소리가 뜨거워
엉뚱한 방에 들어가 누워보아요
문지방에 끼인 돌멩이가 으스러져요
감긴 눈을 씹었어요

생선 꼬리라도 주세요

돌멩이가 입안에서 굴러다녀요
미안해요 뱉을 수가 없어요
입 깊숙이 밀어 넣어 볼까요?

늙은 복숭아 껍질에 돋은 거웃이
천 일 동안 타고 있대요
꽃을 달고 웃는 모습이 보고 싶어요

노랗게 곪아가는 눈
저만치

나는 엄마보다 더 늙었고
낯익은 젊은 여자 하나
생뚱맞은 얼굴로 거울을 빠져나가요

불 꺼진 방 아랫목에 우두커니
앉아 있어요

파도가 다는 아닌 가파도

 엉뚱한 곳에서 온다 문도 없는데 열고 들어온다 가파도에 간다 빗방울이 주장하는 유리창의 있음을, 이럴 때 빗방울은 입술이다 파도는 일렁임의 발목, 왼발과 오른발이 설렘을 신었다 파도가 가파도를 받아 적는다 새끼 고양이처럼 바위를 미끄러진다 젖고 흰 털 뭉치들이 번갈아 가며 무구하다 떨어질 듯 떨어진 구름이다 카페 노랑이 구름으로 얼굴을 바꿔 단다 입 벌린 큰입노랑줄무늬돔 같다 봄을 삼키고 가을에 대해 생각을 쬐는 죄수 같다 아가미와 꼬리 사이에 있는 무구라는 새끼 고양이, 주문 번호 B-82번이 깜빡인다 '가을가파도' 한 잔을 받아들고 나는 가을을 뺀 가파도를 마시고 무지개는 비를 마신다 가파도 돌들은 구멍의 냄새가 난다 빗방울에서 메밀꽃밭으로 가는 길목엔 두 배쯤 커진 생쥐 눈을 만날 수도 있으나 관람 금지 목록, 비 온 뒤의 햇살은 돌담에 모여 차르랑 차르랑 파도가 되어 있다 끊임없이 이어지는 길을 고양이 한 마리가 엉덩이에 엉덩이를 쓸며 지나간다 엉덩이에 엉덩이가 스치면 지느러미와 비늘의 세상이 도래하리라고, 무구는 연속이다 매일 키가 크는 그림자

옆에 어제의 나와 지금이 함께 누워본다 가파도 물고기들은 모두 아가미가 있다 누군가 숨골을 파고 입김을 묻는다 과랑 과랑 혼배띠* 서로를 다독이는 주인 없는 손들이 가파도를 매만져서 미역이 자라고 이야기가 넌출거리고

* '쨍쨍한 햇빛 속에'의 제주도 방언.

일기예보

벌거벗은 원숭이를 한 잔 따른다

식탁 위, 비는
밥그릇 속에서 수직으로 굳어간다
젓가락처럼 흰 발목으로 천장을 걸어 다닌다
눈을 감으면
밥 푸다 손에 붙은 모래를 뜯어 먹는 내가 보인다

눈뜨면 눈은 비로 바뀌고
부치지 않은 편지가 돌멩이 위로 쌓인다

손바닥을 세워 '여기요'를 부른다 자작나무 한 그루, 통째 내 안으로 들어온다 필요한 만큼 내 안으로 들어온 나무를 잘라 '만큼'을 잰다 이곳에서 찾아낸 건 너의 맨 처음, 혹은 다른 원숭이, 늘 선택하지 않았는데 따라든

밥그릇 속 돌멩이를 집어낸다
부치지 않은 편지가 부푼다

주둥이가 막힌 주전자에서 빽빽 울어대는
벌거벗은 원숭이 한 잔을
내게 권한다

빗소리가 서 있다

윤달

내 안의 날씨가 너무 어려워
목에 쌓아 올린 새봄을 읽느라 기린은
오늘도 지각이다

중얼거리던 목소리를 쌓으면 기다란 흰 종이가 되지

우유를 따르던 기린이
어제는 구름을 마시고 싶다고 하는데
벚나무와 목련 사이

빵집 출입문에 붙은 말 상중(喪中)

불쑥 밀려든 파도가 날씨를 흩어 처음부터 다시

오늘 빵집 앞을 서성이다가
상중이라고 쓰인 나를 꺼내 술잔에 담아두고
신발을 고쳐 신는다

익숙한 듯 익숙하지 않은 기린
아프리카 사바나 어딘가에서 만날 법한
체크무늬 남방을 입은 기린

세상에 없는 노래를 부를 때
죽어 본 적 없는 나는 꽃집 앞을 지나는 봄을 본다
목뼈가 하나 더 있거나 다리가 한 마디 더 있는

눈치채지 못하는
부분이지

개구리는 물방울 몇 개 모자로 쓰고

보시다시피
모래밭에 누워 있습니다
아니 유리창입니다

하늘을 보면 구름이 짖는 소리

깨진 물동이를 머리에 인
개구리들이 뛰쳐나와
짖지 말고 울어라
짖지 말고 울어라

개구리 다리를 잡아당기면 불쑥,
튀어나오는 여름
저음의 나와 고음의 너 사이로
후둑 후두둑, 쏟아지는 비
떠다니는 거리의 발뒤꿈치에서 터지는 소리

막 솟아오르는 호박잎을 타고

막대를 든 엄마가
내 몸을 빌려 푸른 복숭아를 베어 뭅니다

옆구리에서 흘러내리는 여름 한 무더기
일제히 깨어지고 순간 사라져 버린 후
바람에 끌려간 창문은 보시다시피
빗방울을 몇 개나 삼켰는지 몰라 창백합니다

어딘가를 조금 잘라냈습니다
― 닮은 사람에게서 닮음이 흐려집니다

당신 사는 집과 내가 견디는 당신의 방은 달라서
입원실, 흰 복도에 붙어
그림자와 산다

의사가 회진을 돈다 돌아보면 철 지난 방향, 코드블루
코드블루 놀라지 않아도 무슨 이야기든 무늬가 생기면
꽃 모양을 닮아간다

비는 내리고
맨 끝 병상에 켜져 있던 누군가 깜빡인다

내생(來生)엔 루스키섬 해변의 곱슬머리 물고기가 되고
싶어

커피를 마시며 먼 바다를 바라보는데
짐을 실어 나르는 항구에는 꽃밭뿐인데
꽃은 언제나 흔들려 저녁 바다가 되고
선을 넘나드는 시계토끼는

눈꺼풀을 꾹 닫았다 열기*를 반복하는데

1과 0이 내게서 반복되는 사람을 걷어내며 말한다
—벽을 만났고 삼분의 일쯤 패했다
나의 색이 흐려 읽을 수가 없다

---

* 「달걀과 닭」(클라리시 리스펙토르)에서 인용.

아다지에토*

이건 아주 오래된 비밀이다 싶은 건데요
장바구니 속의 것을 하나씩 끄집어 내면
여자는 조용히 나의 오전을 빠져나가고
그 자리에 무인도가 보입니다

이런 날씨에는
쪽창에 저녁 해를 붙여 두고 요리합니다
손목이 움직일 때마다 저녁의 비늘들이 반짝입니다
순서 없이 떠오르는 여자를 오래오래 뒤집습니다
환해지면서 간이 뱁니다

떠다니는 무인도 위에
파를 썰고
무를 썰고
고등어를 토막 내어 얹고

촛불 같은 저녁 해는 조금씩 어두워지고
여자가 다리를 첨벙거릴 때마다 비린내가 풍깁니다

언제부터였을까요

무인도에 지느러미를 꽂으면 쓸쓸한 음악이 발목을 잡고 흔듭니다

음악에 씻겨 말개진 여자를 배경으로

그날처럼 왼쪽에서 오른쪽으로 바람이 붑니다

자세를 바꾸는 바다처럼 무인도는 천천히 등을 돌리는 중입니다

여자가 웃습니다

눈이 흐려집니다

찌개가 끓습니다

뜸이 듭니다

---

* 말러의 교향곡 5번 4악장.

꽃은 내 귓바퀴를 돌아와

CQ CQ* 응답 바랍니다

꽃을 껌처럼 질겅질겅 씹다가 시작된 브런치, 브런치로 시작된 곳에서 손가락은 늘 고양이 자세를 취하고 늘 현실이 되는 흰밥을 까맣게 상상할 뿐

새장 앞에 앉아
새가 물어다 주는 쪽지 하나
두 손으로 건네받는데

자다 일어나 발톱 깎는 일이 신이라도 부르는 일 같아서
하나하나 꺼내놓는 그의 얼굴과 그 얼굴을 맞이하는 무릎
그 무릎 사이로 인사 같은 비가 내리고 바람이

빈 종지에 꽃대 하나 담근다
물을 준다

잘 지내는지?

기억에도 없는 전등이 켜지고 소국은 몇 달 치의 말을 피운다
내 귀에만 들리는 소리 여전히 내 귓바퀴를 돌아와
CQ CQ

아직 공중전화 앞에 서 있나요? CQ

* 아마추어 무선 교신 응답 신호.

여긴 정거장이 아닙니다

검은 개는 새벽부터 방문을 긁고 있다

식탁 위에 놓을 새 꽃병을 사고 여름을 꽂는다
개는 개를 빠져나가겠지
앞발로 손등을 긁고
빠져나온 발톱을 드러내며 휩쓸다 간 밤
외출용 가방은 문고리에 걸어 놓고
침침한 식탁 밑에서 찬밥을 물에 말아 먹는다

들떠, 때로는 진눈깨비로 때로는 비로 내리는
발가락쯤이지 했던 여러 개의 생각들
하얗게 부푸는 오늘과 집요하게 쫓는 어제가 물먹은 밥풀 같다
감정들이 비에 젖은 낙엽처럼 바닥에 들러붙는다

여기 버스가 지나갔습니까?

안부를 묻는 당신, 당신 안부를 묻는 나, 그 너머

창문에 바짝 귀를 대보는 방향
꺾인 당신이 보인다

밤새 퍼마신 술의 기운을 빈 검은 개 또,
방문을 긁는다

죽는 꿈을 꾸면 오래 산다 해서 좋았다

자다 일어나 유통기한 넘긴 우유를 마셨다

위태한 사람을 우연히라도 꿈속에서 만난다면 상엿집 문짝에 내 이름을 새겨 달라고 해야겠다 단체 사진 좀 찍어 주세요 귀신들이 이름 위에 이름을 포갠다 나는 들키지 않으려 포즈로 취한다 푹 꺼진 바닥으로 발을 내딛다가 내가 없어지는 순간을 생각한다 없어진 내가 몇 개인지, 세지 못한 숫자가 많아진다 소리를 앞질러 가던 겁이 목구멍에 걸렸다 숨이 막혀 달려간 화장실에서 나를 몇 번이고 토해낸다 얼굴은 자꾸 변기 밑으로 미끄러지고 기르던 개가 버려지는 나를 핥는다 거기 낯익은 얼굴이 발에 밟힌 깡통처럼 구겨져 있다 음복하시지요 간밤의 흔적들이 일제히 사라진다 수시로 사용할 물이 변기에 차오른다 유통기한보다 늦은 내가 침대 아래로 떨어진 이불을 끌어당긴다 아직 꿈을 더 건너야 하는데

당신을 해치고 싶은 배역을 꿈꾸지

 창문을 열면 후드득 새들의 무용한 이야기가 떨어졌다 주웠다와 땄다가 구구절절한 두 시 반 물고기는 황소로 전갈로 사자로 끊임없이 배역을 바꾸는

 그림자가 모퉁이에서 캥거루로 서성이고 모퉁이는 고양이가 되고 뒷자리로 물러나 털썩 다시 그림자

 우주는 가장 어려운 배역 어디를 보든 수십억의 벌레가 들끓는 밤이 쏟아진다 설익어야 가능한 무화과, 누군가 해체해 버린 무화과, 두리번거리는 동안을 생이라 부르고

 커튼 너머, 마지막엔 커튼의 역할을 맡게 될 것이므로

3부

죽음에선 흰꽃나도샤프란 향기가 난다

옷장이 나를 가졌으니,
아무도 듣지 못한 간밤의 발소리가 울창하구나

흰꽃나도샤프란
물 위에 남은 지독히 낯선 동그라미를 떠올렸다

고인과 문상객 사이 섬처럼
흰밥으로 떠 있는 냄새

얼마 남지 않은 옷장 속 사흘을 위해 국밥에 얼굴을
묻고
한여름 밤을 목구멍 속으로 밀어 넣는다

약속했던 숨바꼭질은
술래가 되어 이렇게라도, 무궁무궁 꽃이 핀다

그러나 옷장이 나를 가졌으니

리어왕 증후군

로라, 어서 번호표를 나눠 줘

늙은 왕이 죽었대, 그래서
우는 사람은 없고 웃는 사람만 있대

하루하루 죽어가는 장엄한 장면을 기억해야 해
 그때부터 불판 위 돼지고기는 알아서 돌아눕기 시작했다지
 쓱쓱 칼 가는 소리에 돼지고기들이 웃겨 죽겠다고 배꼽을 잡는대

 짐의 얼굴을 보아라
부끄러워하지 말고 우는 흉내를 내는 것도 괜찮아
로라, 양팔을 찢어져라 벌리고
부뚜막에 올라갔던 고양이 엉덩이가 0.2밀리
달아났다지, 아마도
이쯤에서 나를 버린 이가 희고 헐렁해진 갑옷을 입고
조문하는 이로 돌아와

아궁이 속 달걀밥을 뒤적거리고 있겠지

장엄한 장면은 수도 없이 갈아치워야 장엄해지니까
저봐, 또 웃기 시작했어
눈에 보이는 게 다는 아니어서
순번이 정해지는 대로 손이나 흔들었지
무방비로 쏟아지는 리어왕, 있다 없다
죽어서 감은 눈을
떠, 다시는 살아나지 않게

환승한 버스에서 허브 냄새가 났다

버스 기사는 라디오를 켰고
라디오에서는 랍스타와 바게트샌드위치 이야기를
꺼내 든 사람이
-고구마나 감자 같은 구황 작물을 좋아하지만
샐러드나 해산물 요리를 주로 먹어요

손바닥으로 버스 유리창을 둥글게 닦고
물결을 바라보듯 바깥을 내다본다
눈이 오면 오는 대로
비가 오면 오는 대로
걸을 때마다 물러나는 하늘이 있는 것처럼
발끝보다 앞선 그림자는 늘 오른쪽으로 밀려났다

-다음 신청곡은요?

그림책에서도 보지 못했던
모르는 새 한 마리가 날아간 것 같다

-그곳에 얼마나 계셨어요? 묻는 버스 기사

어젯밤 귓속에 찐 살을 도려내고
아삭한 채소와 할라피뇨, 올리브를 곁들였다

와글와글 넘쳐나는 이건 진짜가 아니야 가짜야
골라봐 맘에 드는 걸로

-비 오는 것을 좋아하는데 눈이 그치지 않는 날에는
옆 사람에게서 요리 레시피를 훔쳐요
훔친 레시피는 꼬깃꼬깃 접어 서랍에 넣어둬요

생각 바깥으로 흩어지는 이야기들이
바질페스토로 인해 작은 새처럼 잠이 들어버린 날
바삭 소리를 냈다, 바게트를 깨물기도 전에

탱고 한 곡 출까요?

일요일의 입구를 찾습니다

장밋빛 원피스를 입고
부에노스아이레스를 지나갑니다
화려하지 않으면 죽을 수도 없어요

인생네컷사진관에 들러 김치 치즈 스마일
꼬불꼬불 노랑 가발을 쓰고 턱 밑에 꽃받침을 만듭니다
웃는 그가 거기 있습니다

문득 책상 위에 세워 둔 달력이 생각납니다
어떤 기일은 나를 붙잡고 나의 눈을 감깁니다
일요일을 지워버리면 죽은 날이 없어질까요

오늘은 처음부터 시작입니다
구두 속은 노란 꽃도 빨갛게 피고
빨간 꽃도 빨갛게 피고
꽃이 지면

살고 싶은 대로 살아질까요
어디선가 담배 향이 몰려와 낯선 당신 구두를 신습니다

장밋빛 원피스를 입고
일요일의 출구를 지나
부에노스아이레스를 지나는 중입니다
밀롱가의 경쾌한 포르테뇨 옆에 도착합니다

한 번 추어 드릴게요
탱고 스텝에 흰 국화라도 던져주실래요?

흰 꽃이 전부 붉어질 때까지

긴 겨울밤의 화투점처럼

운인가 싶었어요

곳곳에 흘린 어둠을 닦아내자
내리던 비가 그치고 창가가 환해졌다

벚꽃은 대부분의 안을 바깥으로 바꾸고
팽팽해진 그림자를 따라
집을 나서는 나는
꽃잎을 앞세워 간밤의 끝자락을 마무리한다

자동차는 바쁜 일상 속을 달리고
오픈을 앞둔 상점들은 셔터를 올리고
집으로 돌아가려던 이는
봄기운 짓이기던 운이 헷갈려 화투를 뒤집는다

-네, 청취자 여러분 잘 지내셨죠?
-오늘은 비가 오지 않는대요

발에 차인 돌멩이는 어디로 굴러가는지
돌멩이는 말하지 않지만
오지 않는 비에게 물어볼 수도 없지만
긴 겨울밤 몇 번이고 패를 떼던 할머니 운에 내 운이
겹친다

꽃망울이 터진다
사방으로 터져나가기 직전의
석유 냄새 같은
저

나무를 딛고
날아 내리는 수천의 나비 떼

자꾸 가슴이 멍울져
누군가의 운에서 나는 이미

폭설이다

안녕, 마리아

신발장이 아닙니다
죽고 싶어도 살아야 할 때 신발을 움켜쥐고 잠이 듭니다

내 가슴이 사각이란 걸 알았습니다
끓고 있는 올리브 냄새를
화끈해지는 발바닥으로 따라갑니다

언니가 신발장을 열고 아베마리아를 열창합니다

배달된 피자 박스처럼 화려하게
어디에 놓아도 어색하지 않습니다
콜라 한 병 우두커니 들고 있습니다
밝게 웃는 얼굴이

아베마리아를 흥얼거립니다
피클을 문 입술로
경기에서 진 권투선수처럼

올리브를 심습니다
펀치 드렁크처럼 옆구리가 끓어오릅니다

너는 혼자 링에 올랐던 거야?
나는 동굴을 탐험 중이었어
안쪽으로 들어갈 때마다 물웅덩이가 하나씩 보였어

핑크색 안경을 쓰고
공원 벤치에 앉아 있는데
온통 핑크빛으로 세상이 앉아 있는데

언니가 부르다 만 아베마리아를 마저 부릅니다

더듬더듬 만져지는 것들
건져지는 것들
닿으면 매캐하고 쓰린 것들
 한 바퀴 돌고 나오는 말이 하나둘 신발장 안으로 들어갑니다

더 많은 신발이 쌓입니다
어쩌면 우리만 정상일지도 몰라
쏟아지는 내일을 움켜쥐고 습기를 쿵쿵거립니다

빛의 각도가 바뀝니다
신발을 벗어난 발가락이 서늘합니다
움켜쥔 어느 방향에도 신발이 없으면 어쩌죠?

길고양이 출몰 구역

  가까이 갈수록 숨기 좋습니다 나무와 덤불의 그림자가 됩니다 참새가 앉았다 가는 의자에 가끔 붉어져 가는 눈을 내려놓기도 합니다 나뭇잎이 얼굴에 붙습니다 앞발을 들어 나뭇잎을 옮기고 창밖으로 던져진 휴지처럼 사푼사푼 집 모퉁이를 돌아듭니다 지붕 위는 언제나 탐스럽습니다 까실까실 돌멩이에 혀를 갖다 대면 아빠 수염 같아서 나무옹이에 잠깐 머물다 돌아눕습니다 산등성이의 가을을 훔쳐보며 어른이 되어 갑니다 산길을 헤매다 길을 잃기도 합니다 혼자라서 미안한데, 뭐가 미안한지 몰라 더 미안해지는 야생에 가깝습니다 친절을 가장한 외로움에 속는 편입니다 마팅*처럼 매달린 겨울 홍시는 까치에게 왜 이리 친밀할까요 하늘이 밀린 잠처럼 뿌예집니다 눈이 내립니다 예기치 않은 눈이 내려 눈물샘이 넘치면 눈물은 눈꼬리에 매달립니다 눈꼬리를 놓고 나무와 덤불 주위로 하얗게 쌓입니다 모두 고양이 DNA를 가졌습니다

---

* 마트나 편의점 음식을 즉석에서 즐기는 것. 한국에 사는 외국인들이 쓰는 용어라고 한다.

어제가 있었다

눈의 움직임을 예상합니다

허벅지 안쪽, 똥 범벅이 된 당신을 봅니다
눈동자가 흔들립니다
당신 오른손이 내 오른손을 잡습니다
당신과 나는 몇 초 동안 준비된 사람 같습니다

밑을 닦아냅니다
서로의 곁눈질은 취침 시간을 넘어 팽팽해집니다

샤워 좀 해요

나무 같은 당신이 씻겨집니다
오른손은 나무를 포장한 것 같습니다
어깨와 명치와 발바닥까지
구겨지지 않게 손자국을 남깁니다
배수구에 물이 흘러넘칩니다
숨기지 못한 표정이 나보다 먼저 젖은 잎으로 소용돌

이칩니다

    개똥밭을 지나 꽃밭으로 향하는 당신을 봅니다
    수집한 거 좀 보여주세요
    익숙해지려고 설핏한 내일을 잠깐 빌립니다
    눈에는 몇 알의 빛이 싱싱해집니다

꽃게

  이태 전 죽은 어머니 등딱지를 갈라 아버지 안주로 내어 놓는다

  눈물 대신 꽃잎 담은 눈과 열 개의 다리
몸을 뒤척이면 속 빈 잠이 바람을 먹는다

  그림자 가득 소금기둥이 서는 한낮
수족관 유리 벽을 타고 아래로 아래로
길을 낸다 밑바닥에서 다시 아래로

  그렇게 많은 꽃잎

  수초를 헤치고 걷던 다리가
풀어지는가 싶은 바다를 한 장씩 떨어뜨린다
베고 누웠던 머리를 통째 익어가는 몸을
자른다 얼마나 우습게 꿈틀거리는지
등딱지가 갈라진다

끓어오르는 수증기 역방향에서 기어 나오는 어머니
닫힌 문이 열리고 왈칵
쏟아지는 벗은 몸

번지는 비린내

늙은 아버지의 뼛속에 숨어 있던 바람이
슬금슬금 꽃게처럼 기어 나온다

길은 어디로도 가고 아무 데도 못 간다

죽은 나와 살아 있는 당신
이어질까 봐 우린 멀다

어제의 유물로 전시되는 박물관을 상상하듯
아이는 끊임없이 무언가를 더듬으며 걷는다
손때 묻은 곳은 다 내 땅이야
햇볕에 타버린 눈동자 속 소꿉들이 바뀌고 있다

시장 모퉁이 나물 대야를 쥐고
잠든 노파가 방어적으로 구부정하듯이
은행잎 몇 장 달랑거리는
나무 아랫도리를 저녁이 애써 감싼다
이 나무에서 저 나무로
이 꽃에서 저 골목으로 건너뛰는 일도 없다

날마다 진달래는 필 거잖아
진달래가 움켜쥔 언덕,
손바닥을 파고들어 손바닥이 되어버린 돌멩이

그때 먹던 음식 맛이 도저히 기억 안 나
난 말이야 지금의 너를 난생처음 봤어

물컵에 꽂힌 고구마, 두 귀로 훔쳐보고 있다
눈[目]이 될 때까지

아무의 여름날

대충 차린 밥상
먹다 남은 국을 3초 동안 궁금해하는

한 손엔 거대한 국자를 든 채
가화만사성을 외치며
보글보글 난(亂)을 일으키고

파송송 주문을 걸면
국 끓는 소리
밥 푸는 소리
그 위에 얹히는 골목의 개 짖는 소리

잡지 한 권 구웠는데 같이 먹을래요?

가출했던 고양이가 잡지를 끼고 당당하게 들어온다
소파를 차지하고 식빵 굽는 자세를 하고는
먹다 만 밥을 치우는 장면을 펼친다
만개한 모란이 식탁 위에서 잎을 떨군다

여기 좀 봐
모란의 일은 진짜 아름답기도 해요

다정을 손잡고 다감을 어깨동무하고
식탁 위에 올라선
말 한마디,

여름 쪽으로 열린 침대가 스르르 녹기 시작한다

몸에 두 개의 달이 뜬다

종이를 나무 모양으로 접어 창문 앞에 심어 놓고 자라길 기다린다

나무 위, 달을 두고 달이 떴다
가지마다 지퍼가 활짝 열린 가방들이 보인다

이끼는 촘촘한 위안 같아서 조문의 말로 담으면
간간이 들려오는 어둠을 밀어낸다

어떤 나뭇가지 끝에는 창이 달리고
창틀에 올려놓은 물컵
떨어진다, 가지와 바닥 사이
물은 선을 삼키고 면을 지우고, 물컹한 섬들이 떠다닌다

죽어 가는 일은 점점 화려해져
귀먹은 사람 귓속으로 빛 조각이 들어와 쌓인다
덜 무서운 곳에서부터 더 무서운 곳으로
섬이 기운다

흔들리는 창 너머, 달빛이 섬을 핥고 있다
정수리를 물고 하나둘 하나둘셋 하나

나비가 달빛의 비늘을 모아 흩뿌린다

창문을 열면
닫힌 창문이 무수히 나타나고
열고 열고 열면
당신 등이 가로막은 세상, 조금씩
조금씩

끝내 환해진다

내일도

개가 머리를 찧는다

소파 의자 식탁 냉장고
늘 있던 그 자리인데

모른다

돌아가기도 나아갈 수도 없는 쨍한 햇볕 속을 개는
이젠 어딘지도 파악이 힘든가
또,

눈동자가 하얘져 병원에 갔다
안약 하나를 처방해 주며
수의사가 다른 방법이 없다고 한다

같이 산 십 년이 점점 시력을 잃어 간다
—냉장고가 여기 있네 이건 식탁 의자 안방 문 바로 옆
이 네 집이야 이리 와 봐 이곳이 화장실이야

처음인 것처럼
냄새 맡는 개

현관문 앞에 똥을 누더니
오늘은 작은방 침대 위에서 곤히 자고 있다
배를 어루만지고 머리를 쓰다듬다가
—산책하기 좋은 날씨네
말을 걸지만 눈을 떴다가 다시 눈을 감는다

굳어가는 등을 쓸어주며 흐리게 웃는다
—내일도 여기서 자도 돼

잠깐 우리 사이에
희고 흰 불이 켜진다

역할 대행

나로부터 하루가 멀어져 갈 때마다
무슨 말이든 하고 싶어서 창문을 그린다

다음날, 그다음 날도

창을 열면 한 발자국 물러나는 고요
창틀에 매달린 빗방울은 누군가의 옭아맨 기분으로 바뀌고
움켜쥔 두 손을 놓아버린다

언젠가 소파에 던져진 점퍼에서 들리던
파도 소리와 풍기는 담배 냄새
점퍼는 경험을 인질 삼아
개 풀 뜯어 먹는 소릴 지껄이고
버려야 했던 크리스마스카드에서 불쑥 튀어나온 루돌프 코가*
귀에 걸려 흔들린다

나를 한 발짝도 들여놓지 못했는데
천천히 밀려드는 구름들
겨드랑이 아래가 텅 빈 것 같은 그림자에 빗방울이

떨어진다,
오늘을 부탁해도 될까요? 가능하다면 내일에게

* 강혜빈의 시 「dimanche」에서 인용.

콜드건

벼락을 맞아도 멀쩡한 나무 옆
죽은 그가 서 있다

꽃은 질서 정연하게 피고
이파리는 물고기 모양으로 자란다

설거지를 끝내고 꾹꾹 눌러 닦은 싱크대는 아직 물이 흥건한데
  나무 옆 구겨진 자전거 위 엉덩이는 그림자를 들었다 놓는데

  이 계절 그만의 손님이 생긴다고 했다

고무줄처럼 늘어나는 일상에
회색 털을 가진 고양이를 풀어놓아도
다시 밖이 되어버린 안쪽

빙판처럼 거듭 얼어붙는 비밀이

고양이 눈동자 속에서 싸락눈처럼 쌓인다

문 앞에
작은 새 한 마리 놓여 있다
회색과 노란색을 몸에 품어 밀고 당기던

새의 깃털엔 죽음이
핏방울을 물고 반짝인다

깡통처럼 굴러다니다
누굴 기다리세요? 묻고 있다

스콘을 굽다

오르막 내리막을 한 페이지에 끼워 둡니다
당신과 내가 내용을 이룹니다

얇아진 꽃잎이 창문을 열고 한 사람의 앞니를 가져간다는 이야기를 오븐에 넣습니다 오늘 바닥이 벌어진 곳에선 물고기가 지느러미를 펼쳐 날아다닌다고도 합니다 예측할 수 없는 순간에 장수풍뎅이는 반짝이는 별을 등에 업고 다닙니다 산길을 걷습니다 바다색 버찌가 나무와 나무 사이로 끼어듭니다 당신이 모양도 색깔도 다른 구름처럼 물속에 가득합니다 괜찮아 괜찮다고 돌멩이 하나가 떨어집니다 누군가에 끌려가듯 그러므로 슬퍼질 리 없습니다 다만 꾹꾹 눌러 쓰다듬을 뿐입니다 스쳐간 바람이 별이 평생 책 속을 걸었던 한 사람이 돌아가는 날, 당신의 그림자 두께를 재어 꼭 그만큼의 내리막을 신발에 넣어 두겠습니다

다른 행방

취침 시간이 설정되었다

중앙선을 깔고 죽은 고라니를 보았다

문상을 가던 길이었다

내장이 튀어나와 짓이겨져 있었다
고라니가 쏟은 풀밭 위로 자동차 불빛이 내려앉았다

죽은 절반이
살아 있는 절반을 끄는 눈빛이 남아 있었다

석양이 지나갈 때
향의 연기가 수직으로 서 있는데
상주와 나와 고라니는 한 덩어리 같았다

시래깃국이 시원했다
서로의 눈동자 속에는 넓고 푸른 숲이 남았다

| 해설 |

자아의 해체와 새로운 정체성의 탐색

황정산(시인·문학평론가)

1. 들어가며

김순옥 시인의 시를 읽으면 자크 라캉이 했던 다음의 유명한 두 문장이 떠오른다. "나는 내가 생각하지 않는 곳에서 생각하며, 내가 생각하는 곳에서는 존재하지 않는다."와 "나는 타인의 욕망을 욕망한다."라는 말이 그것이다. 이 말들은 생각하는 주체로서의 근대적 주체가 아니라, 해체되고 분열된 현대적 주체에 대해 설명하는 말들로 해석될 수 있다. 주체는 완결된 자아가 아니라 타자를 통해 매개되어 형성되며 그렇기 때문에 주체는 자기 자신에 대해 결코 완전히 알 수 없으며 자신이 의식하지 못하는 무의식 안에 존재한다. 따라서 나는 내가 있는 곳에서는 없고 내가 없는 곳에서 존재한다는 역설이 성립한다. 그런 존재인

나는 무엇을 욕망할지 스스로 결정하지 못한다. 나는 타인이 욕망하는 대상을 욕망하거나 타인으로부터 욕망의 대상이 되기를 욕망한다. 나의 욕망은 타자의 욕망의 거울일 뿐이다.

김순옥의 시집 『누가 나를 심었나』는 이렇게 타자의 욕망 속에서 해체되어 가는 자신에 대한 응시이다. 그의 시들은 자아의 경계가 해체되고 그 파편 속에서 낯선 정체성이 움트는 과정을 실험적인 언어와 감각적 이미지로 드러낸다. 이 시집의 시들은 전통적인 서정에서 벗어나, 파편화된 육체와 분열된 정체성, 타자화된 자아, 존재의 불안정성을 다루고 있다. 주체는 더 이상 고정된 주체로서의 '나'가 아니라 정체성이 지연되고 환유로만 자신을 설명할 수 있는 존재 그래서 끝없이 다른 역할을 해야 하는 불안한 존재로 등장한다. 그리고 시인은 이 불안을 통해 스스로 자신의 새로운 가능태를 탐색한다. 김순옥 시인에게 자아의 해체는 곧 새로움의 가능성이다. 그의 시들을 좀 더 면밀히 살펴보자.

2. 해체되는 자아, 낯선 육체와의 재회

김순옥의 시들은 자아를 하나의 고정된 실체로 보지 않고, 다양한 타자성으로 분열되고 재배치되는 형상으로 제시한다. 가령 다음과 같은 시를 보자.

> 풀잎이고 돌멩이고 구름이고 절룩이는 한 사람입니다 머리인지 황량한 산인지 들판인지를 질끈 동인 여자입니다 온통 나로 시작하는 도시를 떠나 당신께 당도합니다 걷는 동안은 세상이 좀 더 크게 보일까 봐 걸음을 모아 시위에 화살을 걸고 과녁이 됩니다 단 한 방에 쓰러뜨릴 수 있다면, 당신에게 나는 푸른 신호등이었습니까? 그 사람, 그 나무, 그 구름이었나요 지붕 위에 던진 썩은 어금니, 발가락에 끼운 보석반지, 까막눈으로 바늘에 눈을 꿰는 할머니, 모두가 한 여자의 이야기군요 자그락자그락 파도와 자갈이 서로를 알아볼까 겁이 납니다 (백만 번 죽었다가 백만 첫 번째 태어나 겹겹 쌓인 바다를 건져 올릴 거예요) 업어드릴까요? 휘어진 바람을 읽는 여자가 먼 등 뒤에서 바로 눈앞에서 입과 귀로 끄덕입니다
>
> ―「산수국」 전문

이 시에서 시적 화자는 "풀잎이고 돌멩이고 구름이고 절룩이는 한 사람입니다"라고 말하여 자연물, 타인, 육체의 감각을 통해 자기 정체성을 해체한다. 머리인지 산인지 들판인지조차 모르는 채, "질끈 동인 여자"는 자아의 혼란과 불확실성을 체현하는 존재다. 여기서 자아는 하나의 인격이 아니라 시간을 통해 감각된 여러 잔여물들로 구성된 복

합체다. "지붕 위에 던진 썩은 어금니", "발가락에 끼운 보석반지"와 같은 이질적인 이미지들은 자아의 단일한 정체성을 조각낸다. 특히 "까막눈으로 바늘에 눈을 꿰는 할머니"라는 인물은 전통적 여성상 속에서 자아를 상실한 인물로, 시적 화자 내면에 남아 있는 역사와 전통의 완고함을 상징적으로 보여준다.

다음 시에서는 이러한 자아의 해체가 좀 더 육체적 이미지를 통해 감각적으로 이루어지고 있다.

> 배꼽이 오른쪽 옆구리로 피어올라요
> 그냥 달콤하다고 말해 주세요
> 그래요 사탕을 깨물었죠
> 복숭아 향 봉긋이 솟아오르고
> 노랑 눈의 토끼가 빨강 눈의 거북이와
> 오늘은 경주를 하지 않아요
>
> 그래요 사탕을 깨물었어요
> 은밀하게 화려하게
> 입안으로 불러들이는 당신
> 그림자를 막대처럼 들고 정오를 넘어가요
>
> 배꼽이 왼쪽 옆구리에서 혀를 밀어내요
> 달콤해요 그래요 그냥

쩍, 갈라진 토끼 간을 토해 낼게요
빨강 눈의 거북이가 달려나가요

허공이 새의 배를 가르고 와르르 쏟아져요
                                          ―「정오」 전문

"배꼽이 오른쪽 옆구리로 피어"오르고, "왼쪽 옆구리에서 혀를 밀어내"는 기묘한 육체적 감각들이 자아를 평소와 다른 모습으로 "은밀하고 화려하게" 해체하고 변형시킨다. 그리고 시인은 이런 낯선 자신의 육체를 파괴적 시선으로 응시한다. 그런데 그것이 모두 '정오'라는 가장 밝고 각성된 시간에 일어난다. 이 모든 것이 착란과 망상에 의한 비현실적인 환상이 아니라 깨어 있는 의식이 명백하게 인식할 수 있는 백일하의 진실이라는 것이다. 또한, 이 모두는 "허공이 새의 배를 가르"듯이 가장 익숙한 공간에서 진행되는 일상적인 일이기도 하다. 이렇게 이 시는 중심이 없이 해체된 육체를 통해 자아의 비정형성을 극대화한다. 시인은 여기에 그치지 않고 "입안으로 불러들이는 당신"의 시선에까지 자신을 노출한다. "쩍, 갈라진 토끼 간을 토해 낼게요"라는 구절은 신체 내부의 비가시적 장기를 끄집어내어 자신의 내부마저 타자의 시선에 노출시켜 무엇이 진정한 자아의 정체성인지를 독자들에게 묻고 있다.

데이지는 여자를 위한 트릭, 가르랑
고양이 발톱은 길어졌다 짧아지고
창문이 보이는 베란다에 걸린 남자 속옷이 바람에

부푼다, 공터가 웃는다

…(중략)…

아직 이름을 주지 못한
빨랫줄에 걸린 사각팬티 한 장이
헐렁한 오후 4시를 사타구니에 감추면

당겼다, 미는 듯 해가 진다
                    -「눈사람이 서 있다」부분

이 시에서 자아는 "공터가 웃는다"는 풍경 속에서 해체된다. 고양이, 남자 속옷, 데이지, 화분, 공터, 구름 등의 감각적 요소들이 자아를 구성하는 주변 환경이자 새로운 주체성의 편린으로 작용한다. 특히 "빨랫줄에 걸린 사각팬티 한 장이/헐렁한 오후 4시를 사타구니에 감추면"이라는 구절은 젠더적 정체성과 일상의 사소함, 육체의 구체성이 얽힌 아이러니를 날카롭게 드러낸다. 이렇게 자아는 해체되어 이질적인 사물들과의 상호작용 속에서만 가시화된다.

다음 시는 자아의 해체라는 김순옥 시인의 시적 지향과 그것의 표현 방식을 가장 잘 보여주고 있으므로 자세히 분석해 보도록 하겠다.

보시다시피
모래밭에 누워 있습니다
아니 유리창입니다

하늘을 보면 구름이 짖는 소리

깨진 물동이를 머리에 인
개구리들이 뛰쳐나와
짖지 말고 울어라
짖지 말고 울어라

개구리 다리를 잡아당기면 불쑥,
튀어나오는 여름
저음의 나와 고음의 너 사이로
후둑 후두둑, 쏟아지는 비
떠다니는 거리의 발뒤꿈치에서 터지는 소리

막 솟아오르는 호박잎을 타고
막대를 든 엄마가

내 몸을 빌려 푸른 복숭아를 베어 뭅니다

옆구리에서 흘러내리는 여름 한 무더기
일제히 깨어지고 순간 사라져 버린 후
바람에 끌려간 창문은 보시다시피
빗방울을 몇 개나 삼켰는지 몰라 창백합니다
　　－「개구리는 물방울 몇 개 모자로 쓰고」 전문

이 시는 자아의 해체라는 주제를 매우 감각적인 이미지로 보여주고 있다. 자아란 더 이상 일관된 중심이 아니며, 감각, 기억, 타자와의 경계, 환경과의 관계 속에서 조각나고 흩어지는 어떤 것으로 나타난다. "보시다시피/모래밭에 누워 있습니다/아니 유리창입니다"라는 첫 연의 시행들부터 화자의 정체성은 불확실하다. "모래밭"에서 "유리창"으로 전이되는 이 변화는 육체적 정체성조차 고정되지 않음을 암시한다. 이는 자아가 더 이상 고정된 '나'로서 존재하지 않으며, 외부 환경이나 시선에 따라 변화하고 해체될 수 있는 상태임을 보여준다.

3연에서 "깨진 물동이를 머리에 인/개구리들이 뛰쳐나"온 것은 분열된 자아의 파편 또는 억눌린 감정의 분출로 읽을 수 있다. 깨진 물동이는 자아의 상징인 정신이 존재하는 머리에 얹혀 있다. 시인은 이 자아의 언어를 듣고 싶어 한다. 그런데 "짖지 말고 울어라"라고 말함으로써 그 언어가 외부를 향한 짖는 행위가 아니고 우는 행위라는 내면의 외침이기를 바라고 있다. 그런데 이러한 내면의 소리는 4연에서 '여름'이라는 특정한 시공간적인 기억일 수 있으며, 그 감각은 '저음의 나'와 '고음의 너' 사이의 음성적 거리로 표현된다. 이 구절은 주체와 타자, 내면과 외면, 현재와 과거 사이의 경계가 모호해지고 그로 인해 자아가 분산되고 혼란스러워지는 과정을 그리고 있다고 할 수 있다.

마지막 연은 이를 더 극적으로 보여주고 있다. "옆구리에서 흘러내리는 여름 한 무더기/일제히 깨어지고 순간 사라져 버린 후/바람에 끌려간 …(중략)… 창백합니다"라는 구절에서 시적 자아는 결국 '여름'이라는 감각적 집합으로 흘러내리고, '일제히 깨어져' 해체되며 사라져 버린다. 자아의 형상은 더 이상 남지 않고, 대신 풍경 속 사물들인 창문, 빗방울 같은 것만이 자아의 잔해로 남아 자신을 대신한다. 여기서 창백한 창문은 '자아의 마지막 흔적'처럼 보이며, 외부 사물로 자신의 자리를 이양한 주체의 흔적이다.

3. 자아의 전이와 재구성

해체된 자아는 새로운 장소, 타인의 시선, 꿈, 환상 속에서 끊임없이 전이되고 다시 구성된다. 시인은 이러한 전이의 장치로 몽환, 꿈, 유년의 기억, 영화적 상상력 등을 활용한다. 「화양연화」라는 시를 보자.

아무도 모를 거야
내가 토끼와 회중시계로 마술을 꺼내놓던
밤이란 걸

호박마차에 올라타 덜컹덜컹 코를 골며 가는
당신의 저녁은 불룩한 무릎처럼 헐렁하고

지금은 번개가
번쩍,
북극성 너머로 사라진 다음 날의
이야기 바깥

화장이 두꺼운 사모님 장바구니에서
새들의 뼈가 휘어지고
축하해 줘,
이 나라의 꿈 밖에서 너무 멀쩡하게 살아 있어

하나씩 몰락하는 도시에서
절룩거리며 끓어오르는 꽃이야
당신은

아무도 모를 거야

내가 밥 먹으러 가는 곳이

쥐구멍 속이란 걸

─「화양연화」 전문

  영화 제목이기도 한 '화양연화(花樣年華)'는 '가장 아름답던 시절'을 뜻하지만, 이 시에서 그것은 무너진 이상, 과거의 환영, 현재의 몰락으로 전치되어 있다. 화자는 '아름답던 시절'에 자신이 어떤 마술을 꺼내 보였던 존재였다고 회상하지만, 이제는 그 시절과 단절된, "쥐구멍 속"에서 식사를 하는 존재로 추락해 있다. 시인은 자기를 "쥐구멍 속"에 위치시키고, 그 속에서 마술과 밤, 몰락하는 도시의 풍경을 통해 자기 존재의 비밀과 새로운 출발을 암시한다. 특히 "내가 토끼와 회중시계로 마술을 꺼내놓던/밤"이라는 구절은 루이스 캐럴의 『이상한 나라의 앨리스』를 연상하게 한다. '토끼', '회중시계', '마술', '밤'은 환상의 세계에서 주체가 자유롭게 상상하고 창조하던 시절, 즉 자아가 주도권을 갖던 시간을 의미한다. 그러나 이 시공간은 이제 현실에 존재하지 않고, '아무도 모를' 비가시적인 과거로 밀려난다. 자아는 이 지점을 기점으로 기억 속 주체에서, 타자의 시선에서 벗어난 무명(無名)의 존재로 이동한다.

  하지만 시인은 "축하해 줘,/이 나라의 꿈 밖에서 너무 멀쩡하게 살아 있어"라고 말하며 이 무명의 존재로의 추락을 축복으로 받아들인다. '이 나라의 꿈'이라는 표현은 사회가 요구하는 이상적 삶, 정상성의 틀을 의미한다고 할 수 있다. 시인은 그 꿈 바깥으로 밀려나 있다. 하지만 그는 그 바깥에서 "멀쩡하게 살아 있"다고 선언한다. 이것은 해체된 자아가 사회적 규범 밖에서 재구성되는 모습을 보여준다. 그 재구성된 자아는 사회적 성공이나 이상에 도달한 자아가 아니라, 몰락의 자리에 존재할 수 있는 능력, 즉 새로운 생존의 형태로서의 자아일 것이다.

시인은 그 생존의 자리가 어쩌면 또 다른 화양연화라고 생각한다. 이 시에서 "내가 밥 먹으러 가는 곳"인 "쥐구멍"은 숨거나 밀려난 장소, 비루한 생존의 공간이지만, 동시에 자아가 기존 정체성의 허상을 거부하고 새롭게 뿌리내리는 자리이고 살아 있음을 확인하는 공간이기도 하다. 이렇게 볼 때 "절룩거리며 끓어오르는 꽃"은 자아의 상처와 재생 가능성을 동시에 상징한다. 이 시에서 자아는 과거의 찬란함 → 현재의 몰락 → 외부적 틀을 벗어난 생존이라는 과정을 따라 이동한다. 그것은 상실이자 변형이며, 기존 정체성의 해체를 통해 새로운 존재 방식에 도달하는 여정이다. 이러한 과정에서 시인은, 몰락의 자리에서조차 주체의 자리를 재확보하려는 몸짓을 시적 언어로 형상화하고 있다. 이렇듯 이 시는 '자아의 전이와 재구성'이라는 서사를 함축하고 있다.

이 시집의 제목이 시구에 들어 있어 표제작이라 할 수 있는 다음 시는 주체의 전이를 또 다른 이미지로 보여준다.

그래, 또 나야
하루 종일 나를 열고 들어오는 사람이 없어서

모란이 피었던 곳에 옆구리가 생기고
굵은 눈이 내리기 시작했다

화장대 위에 흩어진 분홍색 파우더처럼
어떤 순서도 없이

둥근 저녁은 둥근 어둠을 반죽으로 치대고

귀만 돌아다니는 고요 속,

가끔은 식물인지를 모르게
눕기도 했다

떠오른다 떠오른다는 생각으로
식물이 만지는 오른손이 시들까 봐
슬쩍 화분을 밀치는 손
옆구리에 쌓인 눈발이 유일한 다정인 양 쓰윽,

당겨 본다

삿포로에 갈까요?
쏟아지는 눈발을 보며 술을 마실까요?
발자국을 따라 흰색이 가득할 테니 서로 의심이 없겠죠

숨을 뱉을 때마다
여섯 번째 손가락에 생긴 물집 속으로
쓸쓸하다는 눈덩이가 하나씩 채워졌다
녹는다

　　　　　　　　　－「누가 화분에 나를 심었나」 전문

　이 시에서 주체는 식물로 전이된다. 이 시는 화분에 심어진 식물처럼 고립된 자아의 내면을 섬세하게 조망하며, 외부와 단절된 '나'가 상처와 기억, 환상, 희망 사이에서 자아를 재구성해 가는 정서의 풍경을 보여준다. 이 시는 존재의 실존적 고립, 시간의 침전, 정체성의 유예 혹은 이식의 감각을 중심에 두고, 내면과 외부의 경계를 흐리며 자아의 해체와 재생의 문턱에 선 시인 자신의 모습을 그리고 있다. "가끔은 식물인지를 모르게/눕기도 했다"는 고백은 자아가 더는 인간 중심적 정체성에 고정되지 않음을 보여준다. 눈발을 "다정인 양 쓰윽, 당겨" 보는 행위는 자아의 재구성을 위한 감각적 접촉이며, "여섯 번째 손가락에 생긴 물집"은 낯선 육체로의 변화를 암시한다. 결국, 시인은 "삿포로에 갈까요?"라는 질문을 통해 새로운 공간과 감각을 자아의 탈주 경로로 제안한다. 그것은 어쩌면 새로운 상상력이며 그것을 가능하게 하는 시 쓰기의 행위를 위한 공간이라고 해석할 수도 있겠다.

다음 시는 죽은 자와의 교감을 통해 자아의 근원으로 향한다.

얼음 위를 걷고 또 걷는다
여전히 제자리다

여기서부터 나를 버린 듯해서
발바닥보다 낮은 곳으로 옮긴다

발소리 하나 서성이다 머리 위로 떨어진다
제사상 아래 향을 피워 모사기에 술을 따라 낸다
방문이 열리고 촛불 흔들린다

거기 계세요?

감꽃 목걸이가 잘 어울리네요
꽃잎이 아주 시원하구나
아버지, 꽃물 들겠네

퇴주잔을 다오

문지방 너머 서 있는 그가 보인다
눈사람이라고 말하려다
동쪽을 향해 퉤퉤퉤,
얼음이 녹지 않았다

멀리서 물로 가득 찬 이가 오고 있다

— 「외박」 전문

아버지를 향해 부르는 애틋한 호출 속에서 주체는 이미 자신을 "버린 듯"한 존재로 설정하고, 그 잃어버린 자아를 부활시키기 위한 상징적 의례를 수행한다. 촛불, 향, 퇴주잔 등 제사의 형식은 이 시에서 자아의 영적 재배치를 위한 상징적 장치가 된다. "눈사람이라고 말하려다/동쪽을 향해 퉤퉤퉤"라는 장면은 죽은 자를 불러 잠시 현실과 단절하고 과거의 자아로 돌아가려는 일종의 주술적 행위를 보여준다. 시인은 이것을 통해 아버지를 만나고 과거의 자아를 마주하고 "여전히 제자리"에서 벗어나지 못한 자신을 내려놓는다. 그리고 거기에서 잠시 "외박"한 아버지를 만나 나였던 나를 다시 확인한다.

「당신을 해치고 싶은 배역을 꿈꾸지」와 「역할 대행」 등의 시는 자아를 일관된 인물이나 감정이 아니라, 끊임없이 배역을 바꾸는 배우로 설정한다. 시인은 "우주는 가장 어려운 배역"이라며 자아의 확대를 연기와 행위의 맥락에서 해석하고자 시도한다. 이렇게 김순옥의 시에는 '역할놀이'가 빈번히 등장하여 자아란 본래의 존재가 아니라 주어진 역할을 수행하는 연기자에 가깝다는 것을 말하고자 한다. 시인은 때로는 황소, 사자, 전갈, 캥거루, 고양이 등으로 바뀌며 배역을 부여받지만, 결국 "커튼의 역할을 맡게 될 것"이라는 구절을 통해 이 세계의 끝마저도 하나의 '역할'일 뿐이라는 깨달음을 우리에게 알려준다. 이러한 역할놀이는 시집 전체의 미학적 전략이기도 하다. 자아는 고정된 '나'가 아니라 늘 타자의 역할을 대행하고, 또 다른 존재의 감각을 스며드는 매개체라는 것이다.

4. 맺으며

김순옥의 『누가 나를 심었나』는 자아의 해체와 재구성이라는 현대적 존재론을 시적으로 실험하고 있다. 이 시집에서 자아는 고정된 정체가 아니라 파편화되고 이질화되며, 다양한 배역과 이미지, 공간과 감각 속에서 그 가능성을 열어젖힌다. 해체는 상실이 아니라 생성이며, 고통은 전이의 조건이다. 김순옥은 언어를 통해 자아를 허물고, 허물어진 자리에 새로운 존재성을 모색하는 시적 실험을 감행하고 있다. 시편들에 자주 등장하는 고양이, 사탕, 복숭아, 빨랫줄, 화분, 눈발, 물고기 등의 사물들은 시인의 감각과 상상력을 통해 주체의 미분적 층위를 형상화하며, 그 연속적 전이에 독자들을 초대한다. 이 시집은 바로 그 해체의 언어가 어떻게 새로운 정체성의 발아점이 될 수 있는지를 보여주는 귀중한 텍스트다.

시인수첩 시인선 100
누가 나를 심었나

ⓒ 김순옥, 2025

초판 1쇄 인쇄 2025년 9월 4일
초판 1쇄 발행 2025년 9월 15일

지은이 | 김순옥
발행인 | 이인철

펴낸곳 | (주)여우난골
주 소 | 서울특별시 강남구 언주로30길 27, 606호 (도곡동 우성리빙텔)
전 화 | 02-572-9898
팩 스 | 0504-981-9898
등 록 | 2020년 11월 19일 제2020-000328호

블로그 | blog.naver.com/seenote
이메일 | poetmemo@naver.com
홈페이지 | www.nobelk.com

ISBN 979-11-92651-40-8 03810

* 파본은 구매처에서 바꾸어 드립니다.

* 이 시집은 울산광역시, 울산문화관광재단 '2025년 예술창작활동지원사업'의
  지원을 받아 발간되었습니다.